EL PEQUEÑO LIBRO DE LOS
UNICORNIOS

VIVE LA MAGIA

EL PEQUEÑO LIBRO DE LOS
UNICORNIOS

VIVE LA MAGIA

LIBROAMIGO

Libro originalmente publicado en inglés por HarperCollins Publishers Ltd. bajo el título *Unicornucopia: The Little Book of Unicorns*.

© 2018, Caitlin Doyle

© 2018, Redbook Ediciones, s. l., Barcelona

Caitlin Doyle afirma poseer los derechos morales para ser identificada como la autora de este trabajo, exceptuando el apartado «Hechizos de unicornio», por el que Adele Nozedar afirma poseer los derechos morales para ser identificada como la autora del texto.

Ilustraciones de cubierta e interior de Laura Korzon

Diseño de cubierta e interior de Jacqui Caulton

Traducción y compaginación de Amanda Martínez Richling

Ilustraciones de pág. 6 y pág. 16 y en adelante © Shutterstock

ISBN: 978-84-9917-547-8

Depósito legal: B-22.631-2018

Impreso en Letonia - *Printed in Latvia*

Dedicado a todos los que se sienten unicornios en su corazón. Especialmente a Aimee, Elliott, Saoirse, Annie K., Isla, Alex H., Katie H. 1 & Katie H. 2, Millie, Lucy V., y Oli M.

Índice

Siempre sé tú mismo,
A MENOS QUE PUEDAS SER UN
unicornio.
En ese caso,
sé siempre un
¡unicornio!

Introducción

Desde Confucio y Marco Polo a *My Little Pony* y los memes de Internet, los unicornios han hechizado a diversas culturas a lo largo de la historia. Piensa tan solo en el hashtag #unicorn, ¡que cuenta con más de 7 millones de entradas y siguen sumando! Hoy en día creemos que los unicornios son criaturas mitológicas que nunca han existido realmente. Pero trata de decírselo a Lancelot el Unicornio, quien hizo su debut en el Madison Square Garden de Nueva York en 1984; o a los valientes unicornios que entregaron sus cuernos para decorar el trono del reino de Dinamarca en 1662; o a los unicornios que se quedaron atrás jugando en la lluvia cuando Noé embarcaba en su arca; o a los 'unicornios de mar' también conocidos como narvales; o a Bambi, el corzo-unicornio nacido en 2008 cerca de Florencia, Italia... ¿Te das cuenta? Por mucho que intentamos negar su existencia, los legendarios unicornios, que tienen varios miles de años, resisten con más fuerza y vuelven a fascinarnos con su magia. El estudio de los unicornios nos ha ayudado a aprender muchas cosas acerca del mundo que nos rodea: sobre las antiguas culturas japonesas, los rituales de apareamiento de los narvales, los esqueletos de animales prehistóricos, las alegorías shakesperianas, etc. Tanto si los unicornios han existido o no, existen, o llegan a existir algún día, el mito supera a la realidad. Con su legendaria naturaleza dulce y noble, el unicornio nos ha enseñado a amar, a creer y a encontrar la magia en lo cotidiano. Y con un poco de magia de unicornio, el sol aparecerá entre las nubes, la bondad vencerá a la crueldad y, finalmente, tendremos una excusa para comer pastel de arcoíris.

Historia

UNA DE LAS PRIMERAS DESCRIPCIONES
de un unicornio
APARECE EN UN LIBRO ESCRITO
HACIA EL 400 A.C. LLAMADO

Índica.

EL AUTOR DEL LIBRO, EL ANTIGUO
*historiador
y médico griego*
CTESIAS, TRABAJÓ PARA LA
CORTE PERSA, DONDE ESCUCHÓ LAS
*historias sobre este
fabuloso animal que
contaban los viajeros.*

SE DICE QUE CTESIAS FUE LA
PRIMERA PERSONA EN ATRIBUIR

magia

al cuerno del unicornio

(SE CREÍA QUE EL POLVO DE CUERNO DE
UNICORNIO TENÍA FACULTADES MÁGICAS).

¿SABÍAS QUE...?

CTESIAS DESCRIBIÓ EL UNICORNIO COMO UN

caballo blanco

con una cabeza púrpura
y ojos azules.

EL CUERNO DEL ANIMAL ERA BLANCO
EN LA BASE, NEGRO EN EL MEDIO,
Y ROJO EN LA PUNTA.

'Ningún caballo ni
cualquier otro animal
podía superarlo.'

AHORA SE CREE QUE EN REALIDAD
Ctesias describió
UNA MEZCLA DE ANIMALES,
ENTRE LOS QUE SE INCLUÍA
**un rinoceronte
indio.**

EN EL ANTIGUO BESTIARIO GRIEGO
CONOCIDO COMO EL *PHYSIOLOGUS*, SE INCLUYÓ
al unicornio
JUNTO A OTROS ANIMALES REALES Y SERES
FANTÁSTICOS Y FUE DESCRITO COMO UN ANIMAL
fuerte y feroz.

EXISTEN MUCHAS PINTURAS
MEDIEVALES DE LA
mítica caza del unicornio
EN CULTURAS TAN VARIADAS COMO LAS DE
Europa, China,
y Oriente Medio.

DURANTE LA EDAD MEDIA,
la caballería
– UN CÓDIGO DE NORMAS DE BUENOS MODALES, CONDUCTA CORTÉS Y VALENTÍA – FUE MUY IMPORTANTE EN LA SOCIEDAD EUROPEA. LOS UNICORNIOS SE CONVIRTIERON EN EL

símbolo

de la caballería por su poder, pureza y elegancia.

'Los cuernos de unicornio'

ERAN A MENUDO REGALOS EXTRAVAGANTES

para reyes, reinas, e iglesias,

Y SU VALOR EQUIVALÍA A MILES DE DÓLARES O EUROS.

LAS COPAS SUPUESTAMENTE HECHAS DE
*cuernos de unicornio
eran muy preciadas*
EN LA EDAD MEDIA. SE CREÍA QUE
CURABAN ENFERMEDADES Y PROTEGÍAN
DE BEBIDAS ENVENENADAS. EN REALIDAD,
PROBABLEMENTE ESTABAN HECHAS DE
*colmillo de
rinoceronte o
narval.*

¿SABÍAS QUE...?

SE HA DESCUBIERTO EN UN
*libro de cocina
medieval*
UNA RECETA PARA
cocinar unicornio.
EL LIBRO, QUE DATA DEL SIGLO XIV, SE
ENCONTRÓ EN LA BIBLIOTECA BRITÁNICA
E INCLUSO VIENE CON ILUSTRACIONES
DEL POBRE ANIMAL
¡asándose a la parilla!

SECRETOS DE COCINA
Volumen 1

Bestias antiguas

El animal nacional de Escocia es el **unicornio.**

EL REY ROBERTO DE ESCOCIA ELIGIÓ EL UNICORNIO COMO EL ANIMAL NACIONAL EN EL SIGLO XIV. EL UNICORNIO ERA CONSIDERADO EL **enemigo natural del león,** EL SÍMBOLO NACIONAL DE INGLATERRA. ASÍ QUE LA ELECCIÓN DE ESTE SÍMBOLO PARA ESCOCIA FUE LA MÁS ACERTADA PARA DESAFIAR AL REINO VECINO.

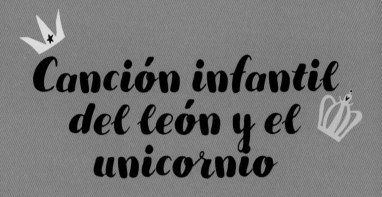

Canción infantil del león y el unicornio

'EL LEÓN Y EL UNICORNIO
LUCHABAN POR LA CORONA,

EL LEÓN GANÓ AL UNICORNIO
POR TODA LA CIUDAD.

HAY QUIEN LES DIO PAN BLANCO,
Y OTROS INTEGRAL,

OTROS UN BIZCOCHO
Y LOS ECHARON DE LA CIUDAD.'

EN LA ESCOCIA DEL SIGLO XV SE USABAN

monedas de oro

CON UNICORNIOS EN UNA DE LAS CARAS.
FUERON ACUÑADAS EN 1486 POR EL
REY JACOBO III DE ESCOCIA Y SE LLAMABAN
*'unicornios' y
'medio-unicornios'.*

DICEN QUE LA

*reina Isabel I
de Inglaterra*

POSEÍA UN CUERNO DE UNICORNIO

**tan valioso
como un castillo.**

El libro del siglo XVI

HISTORIAE ANIMALIUM, EN EL QUE EL NATURALISTA SUIZO CONRAD GESNER describe todos los animales de la Tierra, INCLUYE UN APARTADO SOBRE EL **unicornio.**

Hacia el 2000 a.C., LA CIVILIZACIÓN DEL VALLE DEL RÍO INDO CREÓ UN SELLO DE UNICORNIO. *Los sellos eran piedrecitas cuadradas* CON UN DIBUJO (NORMALMENTE UN ANIMAL). SE CREE QUE SE USABAN PARA *identificar comerciantes locales.*

EL UNICORNIO ERA EL ANIMAL MÁS COMÚN EN ESTOS SELLOS, QUE AHORA SE PUEDEN VER EN EL MUSEO BRITÁNICO DE LONDRES.

¿SABÍAS QUE...?

SUPUESTAMENTE, EN LA VENECIA RENACENTISTA, SE LANZABAN AL CANAL

cuernos de unicornio

A LA ALTURA DEL *PALAZZO DUCALE*, O PALACIO DUCAL, PARA EVITAR QUE *el agua se pudiera envenenar.*

El trono de Dinamarca

SE CONSTRUYÓ ENTRE 1662 Y 1671. ESTÁ HECHO DE MARFIL, ORO PURO Y, SEGÚN CUENTA LA LEYENDA, DE

cuerno de unicornio,

Y LO CUSTODIAN TRES LEONES DE PLATA DE TAMAÑO REAL. HOY SE SABE QUE EL CUERNO ES, EN REALIDAD, UN

colmillo de narval.

ESTE MAGNÍFICO TRONO TODAVÍA SE PUEDE ENCONTRAR EN EL CASTILLO DE ROSENBORG, EN COPENHAGUE.

Mitos & Magia

El cuerno de un unicornio

SE LLAMA

alicornio.

¿Cómo nacen los unicornios?

LA VERDAD ES QUE NO SE SABE CÓMO VIENEN AL MUNDO ESTAS CRIATURAS MÍTICAS.

¿Salen de un huevo? ¿Nacen como los potros?

¿EXISTEN INCLUSO UNICORNIOS HEMBRA? TODO LO QUE SABEMOS A PARTIR DE MITOS Y LEYENDAS ES QUE LOS UNICORNIOS SON CRIATURAS SOLITARIAS Y PUEDEN VIVIR

cientos de años.

¿Había unicornios en el arca de Noé?

LOS ERUDITOS RELIGIOSOS SE HAN ROTO LA CABEZA CON ESTA PREGUNTA. EN DIVERSAS VERSIONES DE LA BIBLIA SE MENCIONA A LOS UNICORNIOS; SIN EMBARGO, SEGÚN LA OPINIÓN GENERAL SE CREE QUE ES POR UNA *mala traducción de 'buey salvaje'.*

SE DICE QUE DIOS
ORDENÓ A NOÉ QUE SE LLEVARA CONSIGO
UN MACHO Y UNA HEMBRA DE CADA ESPECIE
PARA REPOBLAR LA TIERRA

después del Diluvio.

UNA POSIBILIDAD ES QUE
LOS UNICORNIOS SE QUEDARAN FUERA,
YA QUE SEGÚN LA CREENCIA
TRADICIONAL SOLO HABÍA MACHOS.

*O quizás simplemente
perdieron el barco,*

¡COMO YA SUGIERE LA CANCIÓN
'THE UNICORN' DE SHEL SILVERSTEIN!

LAS PRIMERAS ILUSTRACIONES
DE UNICORNIOS ERAN DE

animales grandes

CON UNA SOLA PEZUÑA Y CUERNOS NEGROS.
OTRAS MOSTRABAN CRIATURAS TAN GRANDES
COMO RINOCERONTES, TAN PEQUEÑAS COMO
CABRAS, Y TAN DIMINUTAS INCLUSO COMO
¡ratoncitos!

Tradicionalmente, se han representado unicornios macho.

¿QUIERE DECIR ESTO QUE NO EXISTEN unicornios hembra?

¿O ES QUE ELLAS SON MEJORES A LA HORA DE EVITAR LA CAPTURA ? LO CIERTO ES QUE no hay modo de saberlo con certeza...

44

A pesar de sus muchas cualidades, LA CREENCIA UNIVERSAL EN DIVERSAS CULTURAS ES QUE LOS UNICORNIOS SON pacíficos y amables.

El unicornio europeo

TENÍA EL CUERPO DE UN CABALLO, PELAJE BLANCO PERLA, Y UN CUERNO EN ESPIRAL LARGO Y BLANCO.

El unicornio asiático

TENÍA EL CUERPO DE UN CIERVO, CON LA PIEL VISTOSA Y CON ESCAMAS, CUBIERTA A VECES CON SÍMBOLOS MÁGICOS, Y UN CUERNO DEL COLOR DE LA PIEL.

¿SABÍAS QUE...?

En la mitología china el unicornio se llamaba qilin

(PRONUNCIADO *CHEE-LIN*). EL QILIN TENÍA UN CUERPO ESCAMOSO DEL TAMAÑO DE UN CIERVO, CON UN VIENTRE AMARILLO, UN DORSO BRILLANTE MULTICOLOR, Y UNA CABEZA DE DRAGÓN CON UN CUERNO. SEGÚN CUENTA LA LEYENDA, EL QILIN APARECIÓ POR PRIMERA VEZ EN 2697 A.C. EN EL JARDÍN DEL LEGENDARIO EMPERADOR AMARILLO. EL ANIMAL ERA TAN CUIDADOSO, QUE INCLUSO SE NEGÓ A CAMINAR POR LA HIERBA POR MIEDO A DAÑARLA.

LA APARICIÓN DE ESTA AFABLE CRIATURA
predice el nacimiento
o la muerte de un
sabio gobernante.
DICEN QUE SE LE APARECIÓ A LA MADRE DE
CONFUCIO ESTANDO EMBARAZADA EN EL
SIGLO VI A.C. Y QUE VOLVIÓ A APARECER
ANTES DE LA MUERTE DEL FILÓSOFO.

Según una antigua
leyenda china,
EL FILÓSOFO CONFUCIO
FUE LA ÚLTIMA PERSONA QUE VIO
un unicornio
asiático.

En Japón, el unicornio se llamaba kirin.

ESTA PALABRA AHORA SIGNIFICA

'jirafa'

EN EL JAPONÉS CONTEMPORÁNEO.
EN EL SIGLO XV UNA EXPEDICIÓN
REGRESADA DE ÁFRICA OFRECIÓ AL
EMPERADOR CHINO

una jirafa viva,

DICIENDO QUE ERA UN UNICORNIO. DESDE
ENTONCES, SE ESTABLECIÓ PARA SIEMPRE
UN VÍNCULO ENTRE ESTAS DOS PALABRAS.

EL KIRIN ES UN ANIMAL
MAJESTUOSO Y DÓCIL, PERO CON UN
fuerte sentido
de la juticia,
QUE CASTIGA RÁPIDAMENTE
A LOS CRIMINALES ATRAVESÁNDOLES
el corazón con su
cuerno.

SEGÚN EL FOLKLORE EUROPEO, SOLO *una joven doncella* PODÍA AMANSAR A UN UNICORNIO. ÚNICAMENTE TENÍA QUE SER PURA, INOCENTE, Y SENTARSE SOLA EN UN ESCENARIO PINTORESCO (DE SER POSIBLE, AL LADO DE UN GRANADO). AL VERLA, EL SALVAJE UNICORNIO SE ACURRUCARÍA A SU LADO Y SE QUEDARÍA DORMIDO APOYANDO LA CABEZA EN SU REGAZO.

EN ALGUNAS LEYENDAS, EL UNICORNIO

durmiendo plácidamente

EN EL REGAZO DE UNA DONCELLA SIMBOLIZABA

el amansamiento del unicornio.

PERO EN OTRAS, SOLO ERA POSIBLE CAPTURAR A UN UNICORNIO SI SE USABA UNA DONCELLA COMO CEBO. UNA TRAMPA EMPLEADA TRISTEMENTE MUCHAS VECES POR LOS CAZADORES PARA PODER ATRAPAR A

la fiera salvaje.

'EL UNICORNIO, A PESAR DE SU

intransigencia

Y SU FALTA DE CONTROL,

olvida su ferocidad y salvajismo

POR EL AMOR A LAS

hermosas doncellas;

DEJANDO DE LADO TODO TEMOR, SE SIENTA A SU LADO Y SE DUERME EN SUS REGAZOS, Y ASÍ LOS CAZADORES LOGRAN ATRAPARLO.'

— LEONARDO DA VINCI

¿Qué sonido hacen los unicornios?

NO HAY MANERA DE SABERLO CON CERTEZA. AUN ASÍ, PUESTO QUE EL CUERPO DE UN UNICORNIO ES *parecido al de un caballo,* ES POSIBLE QUE SU LARINGE SEA SIMILAR, Y QUE GENERE EL MISMO SONIDO DE *RELINCHO.* PERO, CLARO, UN UNICORNIO ES UN SER MÁGICO Y TAMBIÉN PODRÍA SER QUE HABLARA CON VOZ HUMANA O INCLUSO QUE EMITIERA UN SONIDO PARECIDO AL *tintineo de las campanas.*

¿Qué comen los unicornios?

LAS REPRESENTACIONES DE LOS UNICORNIOS EN TAPICES MEDIEVALES Y PINTURAS RENACENTISTAS MUESTRAN A ESTAS CRIATURAS MÁGICAS ALIMENTÁNDOSE DE HIERBA DEL BOSQUE, COMO LOS CABALLOS. OTRA TEORÍA ES QUE ESTOS SERES DE OTRO MUNDO NO NECESITAN NINGÚN TIPO DE ALIMENTO, YA QUE ABSORBEN LOS

rayos del sol para sustentarse.

LA CULTURA POPULAR ACTUAL NOS HA HECHO CREER QUE LA DIETA DE LOS UNICORNIOS CONSISTE SOLO EN COMIDA DE ARCOÍRIS, CON MONTONES DE AZÚCAR, *SPRINKLES*, Y MINI NUBES. PERO HASTA QUE NO LO ESCUCHEMOS DIRECTAMENTE DE LA BOCA DE LOS UNICORNIOS,

¡tendremos que seguir imaginándolo!

SEGÚN CUENTA LA LEYENDA,
UN UNICORNIO EVITÓ QUE
EL TEMIBLE INVASOR

Gengis Kan

CONQUISTARA LA INDIA. CUANDO EL
GUERRERO SE PREPARABA PARA LA
INVASIÓN,

un unicornio se
arrodilló enfrente de él
y lo miró fijamente a
los ojos.

INTERPRETÓ AQUEL SUCESO
COMO UNA SEÑAL CELESTIAL Y

Gengis Kan ordenó la
retirada de su ejército.

Pese a ser intrépidos,

LOS UNICORNIOS TIENEN MIEDO A LOS LABRADORES, PERO SON ESPECIALMENTE dóciles con los faisanes.

SE DICE QUE

el virtuoso unicornio

ES CAPAZ DE IDENTIFICAR A LOS

mentirosos

DE INMEDIATO Y QUE ATRAVESARÁ CON SU
CUERNO EL CORAZÓN DE ESTOS.

Santa Hildegarda,

UNA ABADESA ALEMANA DEL SIGLO XII, MUY RESPETADA POR SUS ENSEÑANZAS SOBRE MEDICINA Y CIENCIA,

recomendó un ungüento contra la lepra

A BASE DE YEMA DE HUEVO Y *FOIE DE LICORNE*, O HÍGADO DE UNICORNIO.

UNGÜENTO DE UNICORNIO

El unicornio

APARECE COMO UN ANIMAL MAJESTUOSO LLAMADO *RE'EM* EN TRADUCCIONES DE LA BIBLIA DEL 300 A.C..

En las traducciones modernas se refiere a este animal como buey salvaje,

JUSTIFICANDO QUE EL UNICORNIO FUE UN ERROR DE TRADUCCIÓN. AUN ASÍ, EL UNICORNIO TIENE UN SIGNIFICADO SIMBÓLICO PARA LA IGLESIA CRISTIANA.

El unicornio, con su naturaleza pacífica y poderosa, ha simbolizado a Jesús.

SE DICE QUE JESÚS ALZÓ UN CUERNO DE UNICORNIO COMO SÍMBOLO DE SALVACIÓN DE LA HUMANIDAD. LA PALABRA 'UNICORNIO' APARECE NUEVE VECES EN LA BIBLIA DEL REY JACOBO.

SANTA BIBLIA

'SÁLVAME DE LA BOCA DEL LEÓN, PORQUE TÚ ME HAS OÍDO A TRAVÉS DE LOS CUERNOS DE LOS UNICORNIOS.'

– SALMOS 22:21, BIBLIA DEL REY JACOBO

'DIOS LOS HA SACADO DE EGIPTO; TIENE LA FUERZA DE UN UNICORNIO.'

– NÚMEROS 23:22, BIBLIA DEL REY JACOBO

EN LA ANTIGUA ASIA,
SE PERCIBÍA A LOS UNICORNIOS COMO

portadores de buena suerte.

¿SABÍAS QUE...?

SE SOLÍA CREER QUE LOS CUERNOS DE

unicornio

CURABAN FIEBRES, NEUTRALIZABAN
VENENOS, PROLONGABAN LA JUVENTUD, Y

actuaban como
afrodisiacos.

SE CREE QUE LOS UNICORNIOS TIENEN
poderes especiales
PARA PURIFICAR Y PROTEGER LA SALUD.
PUEDEN PREVENIR PROBLEMAS DIGESTIVOS,
EPILEPSIA E, INCLUSO, LA PESTE.
SOLÍA DECIRSE QUE AQUELLOS
QUE BEBÍAN DE UN CUERNO DE UNICORNIO
ESTABAN PROTEGIDOS DE LOS VENENOS,
PUESTO QUE EL CUERNO PODÍA PURIFICAR
TODO LO QUE TOCARA.

Un unicornio podía purificar un lago o un riachuelo metiendo su cuerno en el agua.

HASTA EL SIGLO XVIII SE PODÍAN COMPRAR
EN BOTICARIOS DE TODA EUROPA

cuernos de unicornio

(O 'ALICORNIOS') Y SE CONSIDERABAN
COMO UNO DE LOS MÁS EFECTIVOS
remedios naturales.

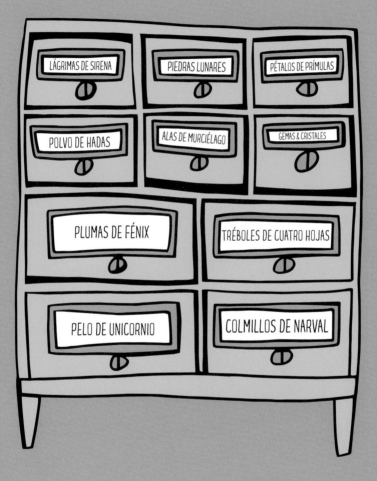

ADEMÁS DE LOS ELIXIRES Y POLVOS,

las prendas de ropa de unicornio

PROTEGÍAN AL QUE LAS VISTIERA DE DESGRACIAS Y ENFERMEDADES. EN LA EDAD MEDIA, EL QUE LLEVABA UNOS ZAPATOS Y UN CINTURÓN DE CUERO DE UNICORNIO ESPERABA LIBRARSE DE ENFERMEDADES Y DE LA PESTE, AUNQUE PUEDE QUE SUS

bolsillos estuvieran vacíos, ya que la ropa era bastante cara.

Ciencia

SE CREE QUE EL *ELASMOTHERIUM SIBIRICUM*, APODADO

'unicornio siberiano',

VIVIÓ EN LA TIERRA HACE 26.000 AÑOS. PUEDE QUE SE HAYA CONFUNDIDO EL ESQUELETO DE ESTE PELUDO

rinoceronte prehistórico

CON UN CUERNO LARGO CON EL ESQUELETO DE UN UNICORNIO.

ALGUNOS DE LOS ANIMALES
QUE SE HAN CONFUNDIDO CON LOS

unicornios

A LO LARGO DE LA HISTORIA SON

*el rinoceronte indio,
el narval, el antílope,
y el buey salvaje.*

APODADOS 'UNICORNIOS DE MAR', LOS

narvales

SE HAN ASOCIADO DESDE HACE TIEMPO CON
LOS UNICORNIOS. AUNQUE ESTAS

ballenitas del Ártico

PARECEN DE OTRO MUNDO, SON
DEFINITIVAMENTE REALES.

FIG. 1

FIG. 2

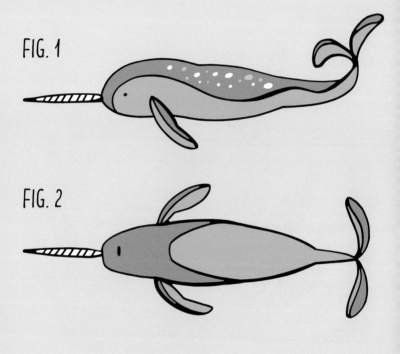

Los narvales son pequeñas ballenas

QUE SUELEN ENCONTRARSE EN LAS AGUAS HELADAS DEL NORTE DE CANADÁ Y EN EL NOROESTE DE GROENLANDIA. UN MACHO PUEDE LLEGAR A PESAR 1.8 TONELADAS Y MEDIR HASTA 6 METROS DE LARGO. COMO SUS PRIMOS, LA ORCA Y EL DELFÍN,

los narvales viajan en grupos grandes y comen, principalmente, pescado y camarones.

EL COLMILLO DEL NARVAL ES, EN REALIDAD,

un diente largo

QUE PUEDE MEDIR HASTA 3 METROS
DE LARGO EN LOS MACHOS Y SOBRESALE
A TRAVÉS DEL LABIO SUPERIOR. (LAS
HEMBRAS TAMBIÉN PUEDEN TENER UN
COLMILLO, PERO SUELE SER BASTANTE
PEQUEÑO.) EL COLMILLO DEL NARVAL
SIEMPRE CRECE

en forma de espiral
abriéndose hacia la
izquierda.

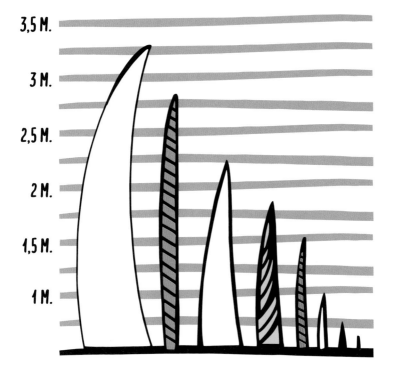

3,5 M.

3 M.

2,5 M.

2 M.

1,5 M.

1 M.

¿SABÍAS QUE...?

TODAVÍA NO ESTÁ CLARO PARA QUÉ SIRVE EL
diente del narval.
SEGÚN UNA TEORÍA CIENTÍFICA, PUEDE
AYUDAR A MEDIR LA PRESIÓN DEL AGUA Y LA
TEMPERATURA; Y SEGÚN OTRA, SE UTILIZA EN
los rituales de
apareamiento o
las luchas .

En las primeras descripciones

LOS CUERNOS DE UNICORNIO APARECÍAN EN UNA GRAN VARIEDAD DE COLORES Y TAMAÑOS. SIN EMBARGO, CUANDO SE DESCUBRIERON LOS NARVALES EN LA EDAD MEDIA Y LOS MARINEROS EMPEZARON A VENDERLOS EN LOS MERCADOS DE EUROPA, DE REPENTE TODOS LOS CUERNOS DE 'UNICORNIO' EMPEZARON A PARECER IGUALES: LARGOS, BLANCOS Y EN FORMA DE ESPIRAL.

Vamos a fijarnos otra vez en ese diente de narval...

¿SABÍAS QUE...?

SE PUEDEN ENCONTRAR UNICORNIOS HASTA

en el cielo.

LA CONSTELACIÓN *MONOCEROS*
(DEL GRIEGO, 'UNICORNIO') TIENE UNA
MAGNITUD DE 3.9. FUE DESCUBIERTA EN
1612 POR EL CARTÓGRAFO HOLANDÉS

Petrus Plancius.

LA EXISTENCIA DE

los unicornios

SOLO FUE REFUTADA EN 1825 POR UN
CIENTÍFICO, EL BARÓN GEORGES CUVIER.

¿Su prueba?

QUE ERA BIOLÓGICAMENTE IMPOSIBLE
QUE UN ANIMAL CON LA PEZUÑA HENDIDA
PUDIERA TENER

un solo cuerno
sobresaliendo de su
cabeza.

EN 2012 UNOS ARQUEÓLOGOS 'DESCUBRIERON'

una guarida de unicornio

EN PYONGYANG, COREA DEL NORTE.

¿La pista?

UNA ROCA EN LA ENTRADA DONDE ESTÁN GRABADAS LAS PALABRAS 'GUARIDA DE UNICORNIO' DEL PERIODO

del reino de Koryo (918—1392).

GUARIDA DE UNICORNIO

EN 2008, CERCA DE FLORENCIA, ITALIA, NACIÓ BAMBI, UN CORZO DE **un solo cuerno.**

EL CUERNO ES EL RESULTADO DE UNA MUTACIÓN GENÉTICA. ESTO PLANTEA LA POSIBILIDAD DE QUE A LO LARGO DE LA HISTORIA SE HAYAN PODIDO VER OTROS ANIMALES CON MUTACIONES SIMILARES, Y QUE ESTE HECHO HAYA DADO LUGAR A *la leyenda del unicornio.*

LOS UNICORNIOS SON MUY REALES EN LAS

finanzas.

UNA EMPRESA (NORMALMENTE
TECNOLÓGICA) QUE TIENE MENOS DE DIEZ
AÑOS Y ESTÁ VALORADA POR MÁS DE MIL
MILLONES SE LLAMA UNICORNIO PORQUE
ANTES SE CONSIDERABA UN MITO.

¡Snapchat, Tinder,
y Uber son
unicornios del
mundo actual!

EN 2017 SE INTRODUJO UNA NUEVA ACEPCIÓN DE LA PALABRA INGLESA 'UNICORN' EN EL *DICCIONARIO COLLINS*.

Así es:

SEGUIDA DE LA DEFINICIÓN DE LA GLORIOSA CRIATURA MÍTICA, AHORA PUEDES ENCONTRAR EL SIGNIFICADO EMPRESARIAL DE 'UNICORN'.

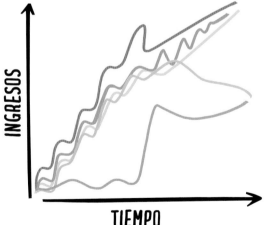

INGRESOS

TIEMPO

¿SABÍAS QUE...?

EN 1663 ENCONTRARON EN UNA CUEVA EN LAS MONTAÑAS HARZ, EN ALEMANIA,

un esqueleto de unicornio.

LA GENTE DE LA ZONA VENDIÓ LOS HUESOS; Y EL ALCALDE DE LA LOCALIDAD, EL RESPETADO NATURALISTA E INVENTOR OTTO VON GUERICKE, ESCRIBIÓ SOBRE ESTE HALLAZGO AL VER LAS PRUEBAS.

El esqueleto tenía dos patas y la cabeza de un caballo con un cuerno.

ERA UNA MEZCLA ENTRE UN MAMUT,
*un narval y
un rinoceronte lanudo.*
ACTUALMENTE TODAVÍA SE PUEDE VER EL
ESQUELETO EN LA ENTRADA DEL ZOO DE
OSNABRÜCK, EN ALEMANIA.

¿Es posible crear artificialmente un unicornio?

SEGÚN UN ARTÍCULO DE LA REVISTA *SCIENTIFIC MONTHLY* PUBLICADO EN MAYO DE 1936, LA RESPUESTA ES SÍ. EL BIÓLOGO DR. W. FRANKLIN DOVE EXPERIMENTÓ CON LA CIRUGÍA PARA CREAR UN UNICORNIO DE MANERA ARTIFICIAL: DESPLAZÓ LOS BROTES DE LOS CUERNOS DE UN TERNERO AL CENTRO DE SU FRENTE Y ASÍ

¡creó una univaca!

LA VACA SE CONVIRTIÓ EN LA LÍDER DE SU MANADA Y ACABÓ SIENDO UN ANIMAL DÓCIL, SIMILAR AL MÍTICO UNICORNIO.

OTRA HISTORIA SINGULAR ES LA DE LOS *unicornios que actuaron* EN ESCENARIOS POR TODO EE.UU. EN LOS 80 COMO PARTE DEL RINGLING BROS. AND BARNUM & BAILEY CIRCUS.

'Lancelot el Unicornio'

HIZO SU DEBUT EN EL MADISON SQUARE GARDEN DE NUEVA YORK EN 1984. EL CIRCO CONTÓ A LA PRENSA QUE LANCELOT Y SUS HERMANOS ERAN *'los únicos unicornios en el mundo'* Y QUE, COMO LOS UNICORNIOS NO ENVEJECEN, PODÍAN TENER *'cientos de años'.*

HAY QUIEN SUGIRIÓ QUE SE TRATABA
DE CABRAS QUE HABÍAN SIDO
'UNICORNIFICADAS' A UNA EDAD
TEMPRANA, PERO EL CIRCO LO NEGÓ . . .

LOS UNICORNIOS NO NACEN, SE HACEN . . .
ESTO LO AFIRMÓ OTTO ZELL,
EL NATURALISTA QUE CREÓ A

Lancelot el unicornio-cabra.

SOSTENÍA QUE LOS PASTORES AFRICANOS
ANTIGUOS USABAN TÉCNICAS SIMILARES Y
CREARON UNICORNIOS PARA SER

líderes de manadas y protectores de rebaños.

Arte, Literatura & Cultura Popular

¿El nombre colectivo para un grupo de unicornios?

Una bendición

DE UNICORNIOS.

"Bueno, ahora que nos hemos conocido —dijo el unicornio— si tú crees en mí, yo creeré en ti."

A TRAVÉS DEL ESPEJO
Y LO QUE ALICIA ENCONTRÓ ALLÍ,
LEWIS CARROLL

El unicornio es un animal noble, es consciente de su alta alcurnia, y sabe que Dios lo ha elegido por encima de todas las criaturas de la tierra.

CANCIÓN POPULAR ALEMANA

'Las estrellas eran unicornios dorados relinchando sin que nadie les oyera y dejando las huellas de sus cascos afilados y centelleantes como el hielo sobre praderas azules.'

LA PAGA DE LOS SOLDADOS, WILLIAM FAULKNER

'La unicornio vivía sola en un bosque de lilas. Ella no lo sabía, pero era muy mayor. Ya no tenía el despreocupado color de la espuma del mar, sino el de la nieve que cae en las noches de luna. Pero sus ojos seguían viendo con claridad y sin cansancio, y se movía como una sombra sobre el mar. [...] La crin que le caía casi hasta la mitad de su lomo era suave como la pelusa del diente de león y fina como los cirros. [...] Y el cuerno que sobresalía entre sus ojos brillaba y se estremecía con su propia luz nacarada aun en lo más oscuro de la noche.'

EL ÚLTIMO UNICORNIO, PETER S. BEAGLE

'Poco a poco, el brillo tomó forma hasta materializarse en el cuerpo de un gran animal blanco con crin y cola ondeantes. De su frente sobresalía un cuerno plateado que contenía el residuo de la luz. Era una criatura de total y absoluta perfección.'

UN PLANETA A LA DERIVA,
MADELEINE L'ENGLE

'A long time ago, when the
'Hace mucho tiempo, cuando la

earth was green,
tierra era verde,

There were more kinds of
había muchos más tipos de

animals than you've ever seen.
animales de lo que te puedes imaginar.

They'd run around free while
Correteaban libremente por ahí mientras

the earth was being born
la tierra se iba formando.

And the loveliest of all was
Y el más bonito de todos era

the unicorn.'
el unicornio.'

CANCIÓN *THE UNICORN*,
DE SHEL SILVERSTEIN

117

AUNQUE LOS UNICORNIOS HAN
APARECIDO A LO LARGO DE LA HISTORIA,
NUNCA ANTES HABÍAN SIDO

tan populares

O TAN OMNIPRESENTES COMO LO SON EN
LA ACTUALIDAD. Y ESO ES GRACIAS EN
PARTE A LAS REDES SOCIALES. EL HASHTAG

#unicorn

CUENTA CON 7 MILLONES DE ENTRADAS
Y SIGUEN SUMANDO. EN PINTEREST HAY
UN MONTÓN DE IDEAS PARA TODO, DESDE
ORGANIZAR UNA FIESTA UNICORNIANA
HASTA CREAR TU PROPIO

*maquillaje de unicornio
y mucho más.*

¿SABÍAS QUE...?

Según Google,
LA POPULARIDAD DEL UNICORNIO HA IDO
EN AUMENTO DESDE 2015, CULMINANDO
EN 2017 CON EL LANZAMIENTO DEL
FRAPPUCCINO DE UNICORNIO DE
STARBUCKS. EL UNICORNIO SE HA
CONVERTIDO EN UN SÍMBOLO DE NUESTRA
ÉPOCA, PORQUE REPRESENTA LA MAGIA
Y LA BENEVOLENCIA Y ELUDE LA CRUDA
REALIDAD DEL MUNDO ACTUAL.
EL UNICORNIO ESTÁ POR TODOS LADOS: EN
LOS CEREALES, EN GELES CON PURPURINA,
ZAPATILLAS DE PELUCHE E INCLUSO EN LAS
marchas del orgullo gay.

'Se apresan unicornios con árboles.'

– DECIO EN *JULIO CÉSAR*,
WILLIAM SHAKESPEARE (1599)

'Si fueras unicornio, el orgullo y la cólera te perderían y serías víctima de tu propia furia.'

TIMÓN EN *TIMÓN DE ATENAS*, WILLIAM SHAKESPEARE (1605)

LOS UNICORNIOS APARECIERON POR PRIMERA VEZ EN EL ARTE DE

Mesopotamia

(ACTUAL IRAK) ALREDEDOR DEL 500 A.C., ASÍ COMO EN LOS ANTIGUOS MITOS DE LA

India y China.

El unicornio asiático

APARECIÓ POR PRIMERA VEZ EN CUENTOS ESCRITOS ALREDEDOR DEL 2700 A.C. COMO UNA criatura salvaje y poderosa.

'¡Títeres vivientes!
Ahora creeré que existe el
unicornio, que en Arabia hay
un árbol, el trono del fénix,
y que en él en este instante
reina un fénix.'

— SEBASTIÁN EN *LA TEMPESTAD*,
WILLIAM SHAKESPEARE (1610)

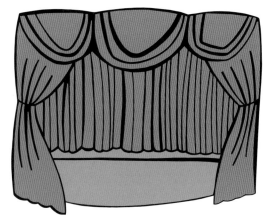

'No es tan fácil cazar un unicornio, son criaturas mágicas y poderosas. Nunca había oído que hubieran hecho daño a nadie.'

– RUBEUS HAGRID EN *HARRY POTTER Y LA PIEDRA FILOSOFAL*, J.K. ROWLING

EN 2014, NACIÓ EL

'unicornio del género'.

SE TRATA DE UN UNICORNIO DE COLOR PÚRPURA CUYO PROPÓSITO ES AYUDAR A LAS PERSONAS A ENTENDER Y DESCRIBIR SU IDENTIDAD, SOBRE TODO SU IDENTIDAD DE GÉNERO Y SEXUALIDAD. EL CONCEPTO FUE CREADO POR TSER (TRANS STUDENT EDUCATIONAL RESOURCES) Y AHORA SE UTILIZA EN ESCUELAS Y UNIVERSIDADES de todo el mundo.

EN VINCI (ITALIA), LA CIUDAD
NATAL DE LEONARDO DA VINCI,
SE CELEBRA CADA JULIO LA

festa dell' unicorno.

LA FERIA DE FANTASÍA MEDIEVAL TIENE
DE TODO, DESDE BANDAS DE HEAVY METAL
HASTA COMPETICIONES DE *COSPLAY*,
¡E INCLUSO UNA BODA ELFA! TODO VALE,
SIEMPRE Y CUANDO SE CONSERVE EL
'espíritu del unicornio'.

'Un hombre sabio
nunca juega a saltar
con un unicornio.'

PROVERBIO TIBETANO

EL ÚLTIMO UNICORNIO ES UNA EXITOSA NOVELA DE FANTASÍA ESCRITA POR PETER S. BEAGLE SOBRE UNA VALIENTE UNICORNIO QUE CREE SER LA ÚLTIMA DE SU ESPECIE Y DEBE EMPRENDER UNA BÚSQUEDA PARA DESCUBRIR QUÉ HA OCURRIDO CON SUS CONGÉNERES. LOS LECTORES SE ENAMORARON DE LA PEQUEÑA UNICORNIO Y SU PANDILLA DE MARIPOSAS HABLADORAS, MAGOS INEPTOS Y SOÑADORES. DESDE SU PUBLICACIÓN EN 1968, SE HAN VENDIDO MILLONES DE EJEMPLARES POR TODO EL MUNDO Y SE HA TRADUCIDO A 20 IDIOMAS.

PROTAGONIZADA POR ESTRELLAS COMO CHRISTOPHER LEE, MIA FARROW, ANGELA LANSBURY, JEFF BRIDGES Y ALAN ARKIN, *El último unicornio* DIO EL SALTO A LA GRAN PANTALLA EN NOVIEMBRE DE 1982. SE CONVIRTIÓ ENSEGUIDA EN UNA PELÍCULA DE CULTO, APRECIADA TANTO POR NIÑOS COMO POR ADULTOS.

My Little Pony

APARECIÓ POR PRIMERA VEZ EN 1982 COMO UN PROGRAMA DE TV Y UN JUGUETE PARA NIÑOS. EN 2015, EL PROGRAMA SE RELANZÓ MASIVAMENTE CON EL NOMBRE *MY LITTLE PONY: LA MAGIA DE LA AMISTAD*. EN 2017, LLEGÓ A NUESTROS CINES CON UN ÉXITO ENORME *MY LITTLE PONY: LA PELÍCULA*.

¿La pony protagonista?

Una mezcla entre Pegaso y unicornio llamada Princesa Twilight Sparkle.

EN *LA LEGO PELÍCULA* NOMINADA A LOS ÓSCAR EN 2014 APARECÍA UN UNICORNIO INUSUAL:

una gata-unicornio de color rosa

LLAMADA PRINCESA UNIKITTY, LA LÍDER DE NUBECUCOLANDIA. EN 2017, EL CANAL CARTOON NETWORK EMPEZÓ A EMITIR LA SERIE DE TV *UNIKITTY*, PROTAGONIZADA POR ESTE PERSONAJE.

La palabra 'unicornio' se puede encontrar por todo el mundo:

AFRIKÁANS: *BUFFEL*
ÁRABE: *KARKADAN*
HOLANDÉS: *EENHOORN*
INGLÉS: *UNICORN*
FRANCÉS: *LICORNE*
GAÉLICO: *AON-ADHARCACH*
ALEMÁN: *EINHORN*
GRIEGO: *MONOKEROS*
HEBREO: *HAD-KEREN*
POLACO: *JEDNOROŻEC*
ESPAÑOL: *UNICORNIO*
SUAJILI: *NYATI*

Proyectos artesanales de unicornio

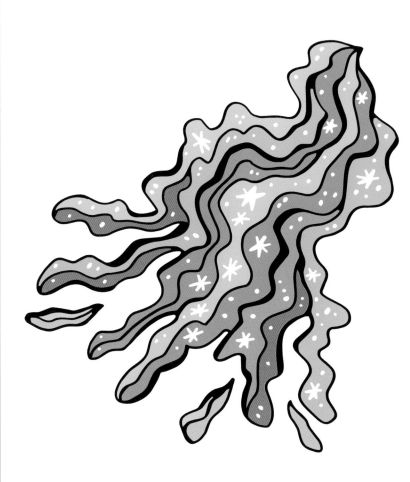

Slime de unicornio

¿Buscas un proyecto de manualidades sencillo o una idea original para un regalo? No busques más: ¡el *slime* de unicornio está aquí! Solo sigue esta simple receta para hacer un *slime* DIY con mucho brillo, color y, sobre todo, diversión. Dale tu toque personal con purpurina, lentejuelas, *sprinkles* (pequeñas chispas de azúcar) con formas de unicornio o estrellas o cualquier otra pizca de magia que te guste. ¡Deja volar tu imaginación! Esta receta es para un *slime* de un solo color; si quieres una mezcla de colores, prepara cada color por separado y únelos al final haciendo un remolino para crear un precioso *slime* de arcoíris.

Nota: Aunque este slime no contiene bórax y no es tóxico, no es comestible.

Ingredientes:

100 GRAMOS DE PEGAMENTO PARA MANUALIDADES, SIN TÓXICOS Y LAVABLE (OPCIONAL: PEGAMENTO CON PURPURINA O PEGAMENTO DE COLOR)

½ CUCHARADA DE BICARBONATO DE SODIO

COLORANTE ALIMENTARIO (OPCIONAL)

1 CUCHARADA DE LÍQUIDO PARA LENTES DE CONTACTO (CON ÁCIDO BÓRICO)

PURPURINA, LENTEJUELAS U OTROS ADORNOS (OPCIONAL)

Utensilios:

TAZÓN DE CRISTAL PARA MEZCLAR

CUCHARA MEZCLADORA DE METAL O PLÁSTICO

BOLSA DE PLÁSTICO HERMÉTICA O UN RECIPIENTE (PARA ALMACENAR)

Método:

1 Empieza vertiendo el pegamento de manualidades en un tazón de tamaño medio. Puedes medir la cantidad o calcularla a ojo vertiendo el pegamento directamente desde el tubo. Una medición aproximada ya está bien.

2 Añade el bicarbonato de soda y mézclalo bien con una cuchara.

3 Si has usado pegamento incoloro y quieres hacer un *slime* del color que prefieras, este es el momento en el que hay que añadir el colorante alimentario. Mézclalo bien.

4 Ahora, agrega el líquido para lentes de contacto y empieza a remover inmediatamente con una cuchara a medida que el *slime* vaya cogiendo forma. Cuando la mezcla haya adquirido la consistencia de un *slime*, amásalo con tus manos para asegurarte de que el resultado sea homogéneo. Si tu *slime* es demasiado pegajoso, añade un poco más de líquido y continúa amasando hasta que consigas la textura deseada.

5 Si quieres que tu *slime* sea especialmente bonito, ¡ahora es el momento de decorarlo! Añade los adornos en pequeñas cantidades y mézclalos bien para asegurar que estén igualmente distribuidos por todas partes. Si has preparado tandas de *slime* con diferentes colores, únelos con un movimiento de remolino para crear un arcoíris. (Ten cuidado de no mezclarlos en exceso para evitar que los colores se difuminen demasiado).

6 Finalmente, almacena el *slime* en un recipiente hermético para que la diversión sea más duradera.

Dulces semillas de arcoíris

Tanto si es para una fiesta de cumpleaños como si es para hacer un regalo rápido y simple, ¡una bolsita de semillas de arcoíris alegrará el día a cualquiera! A pesar de su sencillez, las semillas de arcoíris son un bonito y alegre detalle. Todo lo que necesitas son tus caramelos favoritos con los colores del arcoíris, bolsas de plástico pequeñas, cartulina o papel, rotuladores, y cualquier otra decoración que te guste. Las semillas de arcoíris son el alimento de los unicornios y un auténtico capricho para humanos. Y con un poquito de imaginación pueden convertirse en un arcoíris.

Materiales:

VARIAS BOLSITAS DE PLÁSTICO TRANSPARENTES PARA MANUALIDADES (O BOLSAS PEQUEÑAS PARA SÁNDWICHES)

CARTULINA / PAPEL CRAFT

1 BOLSITA DE TUS CARAMELOS MULTICOLOR FAVORITOS (COMO SMARTIES, SKITTLES O SIMILARES)

Utensilios:

ROTULADORES MULTICOLOR*

SELLO DE ARCOÍRIS Y TAMPÓN MULTICOLOR (OPCIONAL)

PEGAMENTO CON BRILLANTINA, LENTEJUELAS, U OTRAS DECORACIONES (OPCIONAL)

GRAPADORA

Nota: En lugar de dibujar y escribir cada etiqueta a mano, puedes diseñarlas en el ordenador y después imprimirlas. De este modo, conseguirás un aspecto más uniforme y podrás hacer una gran cantidad de regalitos en poco tiempo. Ten en cuenta que esta opción no le dará el mismo aire artesanal a tus etiquetas que haciéndolas manualmente.

Método:

1 Primero prepara las bolsitas. Si vas a usar bolsitas de plástico para manualidades, ya puedes pasar al siguiente paso. Pero si solo has encontrado bolsas pequeñas para sándwiches, recorta la parte superior para que sean del tamaño que prefieras.

2 A continuación, prepara las etiquetas. Para ello vas a necesitar papel grueso como la cartulina o el papel craft. Cada hoja de papel debería darte para hacer varias etiquetas dobladas, aunque el número exacto dependerá del tamaño de tus bolsitas. Corta la tira de papel a la medida adecuada asegurándote de que la etiqueta sea un poco más ancha que la parte superior de la bolsa. Recuerda que la tira debe de ser el doble de larga para poder doblarla y cubrir tanto la parte delantera como la trasera de la bolsita. Cuando tengas la tira cortada, dóblala con cuidado por la mitad. Continúa haciendo lo mismo hasta que tengas todas tus etiquetas listas para empezar a decorarlas.

3 Ahora es el momento de usar los rotuladores, sellos y todo tipo de decoraciones para diseñar las etiquetas. Lo importante es que en cada una escribas 'Semillas de arcoíris' e incluyas un arcoíris; pero, aparte de este detalle, puedes dejarte llevar y darle un toque más personal. ¿Por qué no utilizas un tampón con los colores del arcoíris o añades lentejuelas de estrellas, pegatinas y purpurina o cositas que brillen?

4 Cuando las bolsitas y las etiquetas estén listas, llega el momento de los dulces. Rellena las bolsitas hasta la mitad con los caramelos de arcoíris. Haz un pequeño pliegue en la parte superior de la bolsa y fíjalo con una grapadora. Ahora coloca la etiqueta doblada en la parte superior de la bolsita haciendo coincidir el pliegue interior de la etiqueta con el de la bolsita. Utiliza la grapadora para que la etiqueta quede sujeta en la bolsita con dos o tres grapas.

5 ¡Voilà! ¡Ya puedes empezar a repartir tus originales bolsitas de semillas de arcoíris!

147

Fabulosa diadema / cascos de unicornio

¡Esta magia de manualidades sirve para adornar cualquier cosa! La puedes probar con una simple diadema o incluso unos auriculares, o cualquier otra cosa que se te ocurra. Adorna tu preciosa cabeza con esta creación fabulosa y deja atrás la realidad y déjate llevar al instante hacia las maravillas de la tierra de los unicornios.

Materiales:

APROXIMADAMENTE 30CM² DE FIELTRO DE COLOR BLANCO, PLATEADO O DORADO (O CUALQUIER OTRO COLOR QUE TE GUSTE). NECESITARÁS MÁS CANTIDAD SI TU INTENCIÓN ES CUBRIR UNOS AURICULARES.

MATERIAL DE RELLENO

UNA DIADEMA DE PLÁSTICO, UNOS AURICULARES O CUALQUIER OTRO ADORNO PARA LA CABEZA QUE TE GUSTE

FLORES ARTIFICIALES, LENTEJUELAS, DIAMANTES DE IMITACIÓN, CINTAS, O CUALQUIER OTRA DECORACIÓN QUE TE GUSTE

Utensilios:

PEGAMENTO DE MANUALIDADES O PISTOLA DE PEGAMENTO TERMOFUSIBLE

AGUJA

HILO DE COSER (A JUEGO CON EL COLOR DEL FIELTRO QUE HAYAS ESCOGIDO)

CINTA DE VELCRO PARA COSER, O SIMILAR (OPCIONAL)

Método:

1 Empecemos por la parte más importante: el alicornio o el cuerno del unicornio. Corta un triángulo de fieltro largo y estrecho (de aproximadamente 12 cm), cortando la parte de arriba, separa dos círculos (de aproximadamente 2,5 cm) para cerrar y fijar el cuerno. También puedes cortar círculos adicionales para fijar cualquiera de tus adornos adicionales grandes (los pequeños deberían poderse fijar usando simplemente el pegamento). Ahora unes los dos lados largos de los triángulos con pegamento, creando la forma de un cuerno de unicornio largo, grande y cilíndrico (o como el sombrero de un gnomo). Déjalo secar durante unos minutos, dale la vuelta al cono de manera que la unión se encuentre en la parte interior. Introduce el relleno dentro del cuerno, evitando que se formen bultos y quede desigual. Usa pegamento para unir la base inferior circular del cuerno con uno de los círculos de fieltro. Déjalo secar durante varios minutos. Ahora ponte a crear la típica espiral unicorniana. Pon el hilo en la aguja. Pincha la punta del cuerno con la aguja y haz un nudo al final del hilo para fijarlo. Con un movimiento en espiral enrolla el hilo a lo largo del cuerno hasta alcanzar la parte inferior. Cuando llegues a esta zona, pincha el fieltro y haz otro nudo para fijar el hilo, tal como hiciste en la parte superior. ¡Ya tienes un fantástico y auténtico cuerno de unicornio con espiral!

2 Si estás usando una diadema de plástico, pega la base circular del cuerno en el centro de la parte superior de la diadema. Pega el segundo círculo en la parte inferior de la diadema, alineándolo con el círculo de fieltro de la parte superior. Esto esconderá cualquier pegamento y te ayudará a equilibrar el cuerno.

Si quieres fijar tu cuerno en unos cascos, te recomiendo no pegarlo directamente y crear una funda de quita y pon. Corta un rectángulo de fieltro de aproximadamente 10 cm de largo y 5 cm de ancho o lo suficientemente ancho para cubrir la parte superior de tus cascos. En vez de pegar la base de tu cuerno de unicornio y las decoraciones directamente en los cascos, pégalos en el centro del rectángulo. Después de terminar tu diseño, coloca el rectángulo a lo largo en el centro superior de tus cascos con el unicornio posicionado encima de tu cabeza. En la parte inferior del rectángulo (que es la parte inferior de tus cascos), coloca una de las partes largas del fieltro por debajo de la otra, asegúrate de que el fieltro quede lo máximo de apretado en la parte superior de tus cascos. Esto te marcará el cierre. Corta dos piezas de velcro del mismo tamaño que el rectángulo y pégalos a ambos lados de la funda en el lugar donde se solapan. Déjalo secar durante unos minutos. ¡Ahora solo falta cerrar los velcros para tener unos cascos de unicornio! Si en algún momento quieres quitar la decoración de tus cascos simplemente tienes que abrir los velcros. Y puedes volver a colocar la funda en cualquier momento que te apetezca.

3 Puedes añadir cualquier decoración que te guste, pero a continuación te propongo algunas ideas.

Orejas: Usa un fieltro de diferente color para cortar unas pequeñas orejas triangulares. Incluso puedes cortar dos triángulos adicionales más pequeños de color rosado y pegar estos encima de los otros para crear la oreja interior o cubrir la oreja con purpurina adhesiva. Coloca pegamento en la parte inferior de las orejas y pégalas en la parte superior de tu diadema o en tu funda rectangular de fieltro para el diseño de los cascos.

Flores: Corta pétalos o hojas de flores de fieltro o papel y pégalos alrededor de la base de tu cuerno. Como alternativa puedes probar con flores artificiales de seda o fieltro, o incluso algunas flores secas. También puedes encontrar cintas de flores y hojas de seda o fieltro que pueden quedar preciosas enrolladas a lo largo de tu diadema.

Adornos adicionales: Puedes añadir cintas, lentejuelas, diamantes de imitación, mallas, o telas de pelo sintético en los colores del arcoíris.

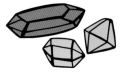

GEL DE UNICORNIO CON PURPURINA

Gel de unicornio con purpurina

Para un efecto unicornio instantáneo y súper fácil, no busques más: ¡te presento el gel de unicornio con purpurina!

Esta receta no podía ser más sencilla. Es perfecta para cualquier ocasión: una celebración sencilla con un toque de brillo o una gran fiesta de unicornios llena de purpurina. Puedes adaptar los colores y la cantidad de purpurina a tus preferencias personales. Esta receta es para un ligero espolvoreado de purpurina. Si buscas un efecto más llamativo, simplemente usa más cantidad de polvos de purpurina.

Esta receta te dará 1 cucharada de gel de purpurina.

Ingredientes:

POLVOS DE PURPURINA* (ESCOGE LOS COLORES QUE MÁS TE GUSTEN; LO QUE MEJOR FUNCIONA ES UNA MEZCLA DE COLORES) — APROX. ⅛ DE CUCHARADITA EN TOTAL PARA UNA 'FINA' COBERTURA DE PURPURINA

APROX. 1 CUCHARADA DE GEL DE ALOE VERA TRANSPARENTE**

1–2 GOTAS DE UN ACEITE ESENCIAL, COMO LAVANDA O ROSA (ES UNA OPCIÓN QUE TE IRÁ BIEN SI APLICAS EL GEL EN TUS HOMBROS O MEJILLAS, PERO OMÍTELA SI QUIERES APLICAR EL GEL EN TUS PÁRPADOS)

*Los polvos de purpurina para los ojos y la cara, son distintos a los polvos que se usan para manualidades. Los polvos de purpurina para usos cosméticos se pueden encontrar online en páginas como Amazon o también en tiendas de maquillaje. Se venden tanto en botes de colores individuales como en juegos de varios colores. Como con cualquier artículo de maquillaje, asegúrate de comprar un producto de una marca fiable y prueba una pequeña cantidad del producto en la parte interior de tu codo antes de aplicarlo en tu cara. Así te asegurarás de que tu piel no es alérgica a las purpurinas.

**El gel de aloe vera es un buen hidratante, pero también es aconsejable probarlo en alguna parte de tu piel antes de aplicarte el gel de unicornio con purpurina.

Utensilios:

1 TARRO DE CRISTAL CON TAPA PARA UNOS 7 GRAMOS*

PALILLOS DE CÓCTEL / MONDADIENTES

Los tarros de cristal redondos y pequeños quedan bien y son prácticos para meter tus dedos y aplicarte el gel. Sin embargo, puedes experimentar con pequeños tubos de viaje de champú, si prefieres este tipo de aplicador. Ten en cuenta que necesitarás un recipiente pequeño con una apertura ancha para preparar el gel de purpurina. Los tarros se pueden encontrar online o en tiendas especializadas de cosmética o en tiendas de manualidades.

Método:

1 Primero escoge los colores de la purpurina. La combinación de verde, azul y plateado puede ser una bonita opción para conseguir un estilo que recuerde tanto a una sirena como a un unicornio. Pero también puede quedar genial si optas por los colores púrpura, blanco y plateado y aplicas la mezcla sutilmente en los pómulos a toquecitos. Prepara la paleta de colores y empieza a crear.

2 Añade una cucharada grande de gel de aloe vera a tu tarro de vidrio o al recipiente que hayas elegido. Agrega una pizca de cada uno de los colores de purpurina que hayas escogido. Añade los colores de uno en uno empezando por los más oscuros (siempre podrás volver a aclarar la mezcla usando blanco o plateado al final). Mide las cantidades la primera vez que lo hagas para evitar verter demasiada purpurina. Cuanto más practiques más facilidad tendrás para saber la cantidad exacta que necesitas. Después de añadir todos los colores, mezcla bien la purpurina con un palillo. Así conseguirás un ligero efecto espolvoreado en tu piel. Pruébalo en alguna parte de tu cuerpo para ver si te gusta el resultado. Si prefieres una cobertura de purpurina más densa, puedes añadir más polvos. Si vas a incluir algún aceite esencial, añádelo ahora gota a gota y mézclalo bien.

3 ¡Y eso es todo! ¡Póntelo y brilla allá donde vayas!

GEL DE UNICORNIO
CON PURPURINA

156

Bombas de baño de unicornio caseras

¿Te apetece relajarte en un calentito baño de burbujas con una pizca de magia unicorniana? Prueba con estas lujosas bombas de baño que puedes preparar en casa, ya sea para ti o para hacer un precioso regalo artesanal. Las puedes customizar añadiendo tus aromas, colores y adornos favoritos. Son super fáciles de hacer. Con esta receta obtendrás de 2 a 3 bombas de baño, dependiendo del tamaño del molde que escojas.

Ingredientes:

220 GRAMOS DE BICARBONATO DE SODA
120 GRAMOS DE ÁCIDO CÍTRICO*
120 GRAMOS DE SALES DE EPSOM**
120 GRAMOS DE HARINA DE MAÍZ
2½ CUCHARADAS DE ACEITE DE ALMENDRA
¾ DE CUCHARADA DE AGUA
2 CUCHARADITAS DE UN ACEITE ESENCIAL DE TU ELECCIÓN: LAVANDA, MENTA, PACHULÍ, VAINILLA, ETC.
COLORANTE ALIMENTARIO
POLVOS DE PURPURINA COMESTIBLE***, *SPRINKLES*, PÉTALOS DE FLOR (OPCIONAL, SOLO ASEGÚRATE DE QUE SEAN APTOS PARA EL CONSUMO HUMANO O TOTALMENTE NATURALES)

*El ácido cítrico es una substancia natural que se encuentra en los cítricos como también en muchas otras frutas y vegetales. También es un aditivo alimentario muy común. Se puede encontrar en grandes supermercados o tiendas especializadas. Normalmente está al lado de otros conservantes como la pectina que se usa para hacer mermeladas y conservas.

**Las sales de Epsom se encuentran en supermercados y farmacias. Se pueden encontrar o bien en la sección de primeros auxilios o bien junto a otros productos de baño. Las sales de epsom disponibles en estos establecimientos cumplirán con los estándares regulatorios para el consumo humano. Ten en cuenta que a pesar de que estos ingredientes se someten a estrictos controles y regulaciones y no son tóxicos para el consumo humano, es recomendable evitar ingerir estos ingredientes.

***Los polvos de purpurina comestible se pueden adquirir a través de Internet o en la sección de ingredientes para la pastelería de un supermercado o tienda especializada.

Utensilios:

UN TAMIZ DE TAMAÑO MEDIO O GRANDE
COMO MÍNIMO 2 BOLES PARA MEZCLAR
(NECESITARÁS UN BOL PARA CADA UNO DE
LOS COLORES QUE QUIERAS QUE TENGAN
TUS BOMBAS DE BAÑO)
VARILLAS PARA BATIR
GUANTES DE GOMA
UN MOLDE PARA BOMBAS DE BAÑO*
PAPEL DE HORNO O PAPEL DE COCINA

*Los moldes para las bombas de baño se pueden comprar en las tiendas de manualidades y se pueden adquirir por Internet en páginas como Amazon. Un molde esférico te dará la forma tradicional de las bombas de baño, pero solo se puede hacer una por molde. Una alternativa rápida y fácil para hacer varias bombas de baño a la vez es usar un molde para muffins de acero inoxidable o incluso uno de plástico para hacer huevos de pascua.

Método:

1 Coloca un tamiz sobre un bol para mezclar. Pasa por el tamiz cada uno de los ingredientes secos por separado: el bicarbonato de soda, el ácido cítrico, las sales de Epsom y la harina de maíz. Esto te garantiza una buena mezcla de los ingredientes. Usa la varilla para remover enérgicamente hasta que todos los ingredientes estén bien mezclados.

2 Usa un segundo bol para mezclar los ingredientes líquidos: aceite de almendra, agua, y cualquiera de los aceites esenciales que hayas elegido. Con la práctica descubrirás fantásticas combinaciones de aromas.

3 ¡Y ahora vamos con la ciencia! Esta parte requiere mucha concentración para lograr una fina y sofisticada bomba de baño. Si eres demasiado impaciente los ingredientes reaccionarán y acabarás con una bomba grumosa e irregular… Combina muy lentamente los ingredientes líquidos con los secos. Para mantener el proceso lento pero continuado, te recomiendo usar una cuchara para ir añadiendo la mezcla líquida en pequeñas cantidades, removiendo el conjunto rápida y enérgicamente después de cada cucharada. Repite este procedimiento hasta que la mezcla adquiera la consistencia de arena mojada.

4 Divide la mezcla entre los boles que hayas preparado. Comienza con uno de los boles y añade el colorante alimentario gota a gota. Cubre tus manos con unos guantes y amasa la mezcla para vaya adquiriendo color, ve añadiendo gotas de colorante hasta que consigas el color que más te guste. Lava los guantes antes de pasar al siguiente bol usando otro color. Acabarás con varios boles de 'arena mojada' de diferentes colores.

5 El siguiente paso consiste en crear la forma. Las instrucciones variarán según el tipo de molde que utilices. Si usas un molde esférico, coloca una capa de color en el fondo del molde aplicando un poco de presión. Alterna los colores, presionando la mezcla firmemente en la parte superior e inferior del molde. Asegúrate de sobrellenar ligeramente las dos mitades de tu molde, porque así verificas que no se forme ningún hueco y conseguirás una mejor unión entre las dos mitades. Cuando hayas acabado, junta las dos mitades presionándolas firmemente y déjalas reposar hasta que la mezcla endurezca. Si usas un molde para muffins, sigue el mismo proceso colocando capas en el fondo de cada uno de los moldes. Aplica un poco de presión, pero no demasiada porque esto podría dificultar sacar la bomba del molde una vez que haya endurecido.

6 Cubre tu superficie de trabajo con una capa de papel de horno o papel de cocina. Ahora toca sacar las bombas de sus moldes. Si estás usando un molde esférico, dale unos golpecitos con una superficie sólida para despegar la bomba del molde antes de abrirlo. Saca la bomba del molde con cuidado y colócalo en la superficie de trabajo protegida. Si usas un molde de muffins, golpea ligeramente el fondo del molde en una superficie sólida. Coloca el molde boca abajo encima de la superficie y dale suaves toquecitos para aflojar cada una de las bombas hasta que vayan saliendo. Si quieres añadir un poco de brillo, adorna la bomba a tu gusto con los polvos de purpurina comestible. Deja que las bombas se vayan secando y endureciendo durante 48 horas.

7 Ya puedes empezar a disfrutar de tus fantásticas bombas de baño o, si lo prefieres, también puedes regalarlas. Si no las vas a usar en seguida, asegúrate de mantener las bombas secas guardándolas en una bolsa o un recipiente de plástico.

Recetas de arcoíris

Chocolate caliente de unicornio

Tiempo de preparación: 10-15 minutos
Para 2 personas

¿Te apetece una bebida de unicornio súper rápida de preparar? ¡Anímate a probar este chocolate caliente de unicornio! Esta deliciosa bebida de arcoíris color pastel es capaz de alegrar incluso los días más fríos de invierno. Es pura magia en una taza. Deja volar tu imaginación para adornarla a tu gusto. Imagínate: una bebida coronada con *sprinkles*, golosinas, mini nubes, oro comestible... Disfruta de tu chocolate caliente y sumérgete en un arcoíris de felicidad. ¡El mundo de los unicornios te da la bienvenida!

Ingredientes:

50 GRAMOS DE UNA TABLETA DE CHOCOLATE BLANCO O CON LECHE, CORTADO EN PEQUEÑOS TROZOS

200 MILILITROS DE LECHE ENTERA

COLORANTE ALIMENTARIO

Para servir:

100 MILILITROS DE NATA PARA MONTAR O NATA MONTADA EN ESPRAY

COLORANTE ALIMENTARIO EN GEL (OPCIONAL)

TU SELECCIÓN DE MINI NUBES, DULCES DE COLORES Y *SPRINKLES*

Utensilios:

MANGA PASTELERA DESECHABLE

CACEROLA

CUCHARA

TAZAS DE COLOR PASTEL O CON DETALLES DEL UNICORNIVERSO

Método:

1 Prepara primero los adornos para evitar que acabes bebiéndote un precioso chocolate frío. Ten a mano la nata en espray si te decantas por esta opción. Y si prefieres montar tu propia nata (y no te importa ejercitar tus músculos), bátela con una varilla hasta que se formen picos firmes. Luego puedes añadir colorante alimentario en gel dentro de la manga pastelera para crear un efecto arcoíris con la nata. O puedes dar rienda suelta a tu creatividad coloreando la nata con un aerógrafo de repostería o dibujando espirales o puntos con la pipeta del colorante. Planéalo y prepáralo todo antes de empezar a calentar el chocolate.

2 Para preparar el chocolate caliente, puedes cortar la tableta en pequeños trozos o desmenuzar el chocolate con tus manos.

3 A continuación, vierte la leche en una pequeña cacerola y caliéntala a fuego lento hasta que empiecen a salir burbujas, sin dejar de removerla con una cuchara termorresistente. Mantén el fuego lento y agrega el chocolate. Continúa removiendo hasta que el chocolate se haya derretido por completo. El líquido debe quedar espeso y uniforme. Saca la cacerola del fuego. Si utilizas chocolate blanco, añade el colorante alimentario de tu elección para crear una delicia color pastel. Vierte la mezcla con cuidado en dos tazas.

4 Decora tu creación empezando por la nata. Si has preparado tu propia nata montada, puedes agregarla con una manga pastelera con boquilla ancha, si no es así añádela sobre el chocolate caliente directamente desde el espray. Después puedes darle un toque final con mini nubes, *sprinkles*, perlas de plata comestibles, caramelos explosivos o cualquier otra cosa que tu corazoncito de unicornio desee. ¡Disfruta!

165

Pancakes de arcoíris para un desayuno mágico

Tiempo de preparación: 10 minutos
Para 4 personas
Para 20 pancakes redondos de 7,5 cm

En nuestro hogar estos deliciosos pancakes —en su variante tradicional servidos con una generosa cantidad de jarabe de arce— han sido siempre un desayuno fácil y rápido de preparar especial de fin de semana. En mi familia ya se apreciaban muchísimo estos pancakes cuando yo era todavía muy pequeña. Aunque apenas sabía hablar, me las apañaba para pedir siempre más 'galletas' (¡pancakes pequeños!). La vida era perfecta con una 'galleta' en cada mano. Me gustaría compartir contigo nuestra receta familiar con una pizca adicional de magia unicorniana. Te presento los ¡pancakes de arcoíris para un desayuno mágico! Te aseguro que estas deliciosas tortitas le dan un toque de magia a cualquier mañana y son particularmente indicadas para alegrar un domingo gris y lluvioso. Si quieres aún más magia, puedes acompañar los pancakes con un rico y dulce chocolate caliente de unicornio.

Un agradecimiento especial para mi madre y mi tía Marie por enseñarme esta receta tan especial hace tantos años.

167

Ingredientes:

6 HUEVOS GRANDES
350 GRAMOS DE QUESO COTTAGE
½ CUCHARADITA DE SAL
¼ DE CUCHARADITA DE LEVADURA
EN POLVO
65 GRAMOS DE HARINA PARA TODO USO
MANTEQUILLA PARA ENGRASAR
COLORANTE ALIMENTARIO
MANTEQUILLA PARA SERVIR (OPCIONAL)
JARABE DE ARCE PARA SERVIR (OPCIONAL)
UNA SELECCIÓN DE FRUTAS U OTRAS
DECORACIONES DULCES EN LOS COLORES
DEL ARCOÍRIS PARA SERVIR (OPCIONAL)

Utensilios:

SARTÉN GRANDE
BATIDORA O UN GRAN BOL
Y UNAS VARILLAS PARA BATIR
BOLES PEQUEÑOS PARA MEZCLAR
PARA CADA UNO DE LOS COLORES
ELEGIDOS
CUCHARÓN
ESPÁTULA
UN PLATO GRANDE
O PLATOS INDIVIDUALES
PARA SERVIR

Método:

1 Si vas a añadir fruta o decoraciones dulces, es mejor prepararlas primero. Corta un arcoíris de frambuesas, fresas, plátanos, kiwis y arándanos para adornar tus pancakes de arcoíris con sabrosos y saludables toppings. Si prefieres un desayuno más azucarado, añade *sprinkles* de arcoíris u otras decoraciones dulces.

2 Introduce en la batidora los huevos, el queso cottage, la sal, la levadura en polvo y la harina. Bate la mezcla a velocidad alta durante 20 segundos. Como alternativa, puedes colocar todos los ingredientes en un bol grande y batirlos con varillas hasta conseguir una mezcla homogénea.

3 Distribuye la mezcla a partes iguales entre boles individuales. Añade una gota de colorante alimentario de cada uno de los colores que hayas escogido a sus respectivos boles. Remueve bien la mezcla con unas varillas o una cuchara. Intensifica el color gradualmente añadiendo el colorante gota a gota hasta que consigas la tonalidad que deseas. (Nota: ¡unas pocas gotas de colorante dan para mucho!) Lava tu varilla o tu cuchara antes de cambiar a otro bol para evitar mezclar los colores. Repite los mismos pasos para cada color. Y ya lo tienes: ¡un arcoíris de diferentes colores de mezcla para pancakes!

4 Engrasa la sartén de manera uniforme y caliéntala a fuego medio hasta que la mantequilla empiece a chisporrotear muy ligeramente.

5 Usa un cucharón para verter la mezcla en la sartén caliente, creando pancakes del tamaño que más te guste. (La mezcla se extenderá ligeramente sobre la superficie caliente. Como regla general, si viertes la mezcla en la sartén usando una cuchara, te saldrá un pancake de unos 6 cm de diámetro. Si viertes medio cucharón, te saldrá un pancake grande. Recuerda dejar espacio entre los pancakes.) Cuando aparezcan pequeñas burbujas de aire en los bordes de los pancakes, dales la vuelta con una espátula para dorarlos del otro lado. Ten cuidado de no quemar este lado. El tiempo de cocción será menor en este lado que en el anterior, aunque dependerá del tamaño que hayas elegido para tu pancake. Para controlar mejor el tiempo de cocción, empieza preparando una tanda de pancakes de un solo color para ayudarte a calcular los tiempos. Continúa con la siguiente tanda cuando termines con la primera. Repite los mismos pasos con los colores restantes.

6 Apila los pancakes de arcoíris en un plato grande para servir o en platos individuales. Sírvelos con mantequilla o jarabe y decóralos con las frutas o dulces de tu elección. En el poco probable caso de que te sobren algunos pancakes, almacénalos en una bolsa o recipiente hermético y consérvalos en la nevera hasta un máximo de cuatro días.

Corteza de unicornio

Tiempo de preparación: 15 minutos
Para 6-8 personas

Una variante mágica de la corteza de menta, un típico dulce navideño anglosajón. La corteza de unicornio es un regalo estupendo, ¡si dura lo suficiente para compartir! Es deliciosa y casi demasiado bonita para comer, pero no te podrás resistir… Este capricho también se puede personalizar al gusto de cualquier persona. El mundo es tu arcoíris cuando se trata de experimentar con colores, sabores, toppings, y dulces.

Nota: El chocolate fundido estará caliente, así que ten cuidado al manipularlo.

Ingredientes:

500 GRAMOS DE CHOCOLATE BLANCO DE ALTA CALIDAD EN FORMA DE TABLETA O GOTAS DE CHOCOLATE.

MEZCLA DE COLORANTE ALIMENTARIO DE TU ELECCIÓN

ESENCIA ADICIONAL, COMO LAVANDA, AGUA DE ROSAS, O MENTA (OPCIONAL)

ADORNOS DE TU ELECCIÓN (*SPRINKLES*, FLORES DE VIOLETA CRISTALIZADAS, BASTÓN DE CARAMELO PICADO, GOMITAS GRAJEADAS, MINI NUBES, Y CUALQUIER OTRO DULCE DECORATIVO QUE NO SE DERRITA DEMASIADO RÁPIDO, A MENOS QUE ESE SEA EL EFECTO QUE ESTÉS BUSCANDO)

Utensilios:

BANDEJA DE HORNO GRANDE

PAPEL DE HORNO (OPCIONAL)

UN BOL DE CRISTAL O METAL PARA CADA UNO DE LOS COLORES DE CHOCOLATE QUE HAYAS ESCOGIDO

MICROONDAS Y GUANTE PARA HORNO

VARILLA PARA BATIR

PALILLOS DE CÓCTEL O MONDADIENTES

RECIPIENTE HERMÉTICO Y/O CAJAS DE REGALO

Método:

1 Prepara tus adornos colocándolos en boles separados y después resérvalos, de modo que estén listos y los tengas a mano cuando llegue el momento de decorar (y antes de que el chocolate empiece a solidificarse demasiado). Prepara un bol vacío para cada uno de los colores que hayas elegido para el chocolate y cubre tu bandeja de horno con el papel de horno (si lo usas), así lo tendrás todo preparado con antelación.

2 Pesa el chocolate y colócalo en un bol termorresistente que pueda ir al microondas. Calienta el chocolate en el microondas en varios intervalos cortos (de 20 a 30 segundos) hasta que se funda. Después de cada intervalo, saca el bol del microondas protegiéndote con un guante y remueve el chocolate con la varilla. Cuando el chocolate se haya fundido completamente, vuelve a sacar el bol del microondas protegiéndote con el guante y bate el chocolate enérgicamente hasta conseguir una consistencia suave y homogénea. Si quieres que toda la corteza tenga un sabor específico, como por ejemplo sabor a menta o a rosas, ahora es el momento de añadir tres gotas de la esencia que hayas escogido. Remueve enérgicamente. (Añade otra gota si quieres un sabor más intenso. La intensidad del sabor variará según la marca y el tipo esencia.) Si prefieres que cada color de chocolate tenga un sabor diferente, no añadas la esencia hasta que no hayas separado el chocolate fundido en diferentes boles y hayas añadido el colorante. En este caso añade solamente una gota por bol y remueve la mezcla al mismo tiempo.

3 Distribuye el chocolate fundido entre los boles. Colorea el chocolate de cada bol con un color diferente, añadiendo el colorante alimentario gota a gota y mezclándolo bien. Para controlar mejor el color del chocolate, lo mejor es empezar con una pequeña cantidad de colorante y añadirlo gradualmente. Si añades poca cantidad conseguirás un color pastel; y si añades más cantidad conseguirás un color más intenso. Remueve la mezcla enérgicamente para asegurar una distribución uniforme del color.

4 Coloca pequeñas cantidades de cada color de chocolate en la bandeja de horno usando una cuchara o vertiéndolo directamente. Los bordes de cada color de chocolate empezarán a mezclarse. Inclina la bandeja con cuidado de un lado a otro para asegurarte de que el chocolate acabe cubriendo toda la bandeja.

5 Y ahora es el momento de darle tu toque personal: puedes dejar tus colores como manchas de color individuales o puedes usar un palillo para mezclar los colores con delicadeza y crear un efecto marmolado.

6 Y finalmente: ¡las decoraciones! Usa los adornos que hayas elegido para decorar la bandeja de chocolate arcoíris. Añade mini nubes, *sprinkles*, golosinas, pétalos de flores cristalizados, ¡cualquier cosa! (Recuerda que si los adornos son de chocolate se fundirán ligeramente con la base.) Puedes distribuir una mezcla de todos tus adornos por toda la base de chocolate o puedes aplicarlos de forma individual sobre diferentes zonas de la base.

7 Deja la bandeja toda la noche en la nevera para que el chocolate se solidifique. Cuando esté sólido, tienes que romper el chocolate en piezas desiguales. Puedes hacerlo con tus manos o puedes usar un ablandador de carne cubierto con un trapo y darle delicados golpecitos. Puedes almacenar los trozos de chocolate en la nevera en un recipiente hermético durante una semana. Otra opción es colocarlos en unas bonitas bolsas o cajitas para regalar, ¡siempre y cuando te sientas capaz de compartirlos!

Batido de unicornio para un día lluvioso

Tiempo de preparación: 10 minutos
Para 2 personas

Tal vez acabas de aprobar un examen especialmente difícil o te has pasado el día ordenando la casa… Tanto si es buena como mala, siempre hay una razón para recompensarte o para darte un capricho que te alegre el día. ¿Y qué mejor que disfrutar de un mágico batido arcoíris con helado, nata montada y montones de *sprinkles*? Muy pocas cosas, creo yo. ¡Vamos! Seguro que se te ocurre alguna excusa para mimarte mientras te lo preparas…

Nota: En esta receta se explica cómo hacer el batido con dos capas de color, pero te animo a experimentar y añadir más capas con tus propios colores y sabores.

Ingredientes:

2 CUCHARONES GRANDES DE HELADO DE VAINILLA

90 MILILITROS DE LECHE ENTERA

60 MILILITROS DE JARABE ROJO (COMO JARABE DE FRESA O DE FRAMBUESA)*

60 MILILITROS DE JARABE AZUL (COMO JARABE DE ARÁNDANO O FRAMBUESA AZUL)*

*SI PREFIERES EL SABOR DE LA VAINILLA, UTILIZA EN SU LUGAR 2-3 GOTAS DE COLORANTE ALIMENTARIO.

Para servir:

NATA MONTADA

DECORACIONES (*SPRINKLES*, MINI NUBES, CEREZAS, ARÁNDANOS, CARAMELOS EXPLOSIVOS)

Utensilios:

CUCHARA DE HELADO

BATIDORA

CUCHARA DE METAL

VASO ALTO TRANSPARENTE

PAJITA O CUCHARA LARGA

Método:

1 Introduce en la batidora la mitad del helado y la mitad de la leche, así como el jarabe rojo o 2-3 gotas de colorante alimentario rojo. Mézclalo bien hasta que quede homogéneo. Vierte la mezcla cuidadosamente en un vaso alto tratando de evitar manchar los costados.

2 Limpia la batidora antes de continuar con el siguiente paso.

3 Mezcla en la batidora lo que queda de helado y leche con el jarabe azul o 2-3 gotas de colorante alimentario azul. Y otra vez, mézclalo bien hasta quede homogéneo.

4 Añade la mezcla azul en el vaso tratando de que quede flotando por encima de la mezcla roja. Para ello coloca el dorso de la cuchara de metal contra el costado del vaso y vierte la mezcla lentamente por encima. Asegúrate de dejar suficiente espacio para las decoraciones.

5 Decora el batido con nata montada, *sprinkles*, cerezas, arándanos y otros adornos de tu gusto. Sirve el batido con una pajita o con una cuchara larga y disfruta de tu bien merecida recompensa. Y volviendo a esa excusa… ¿Se te ha ocurrido ya alguna?

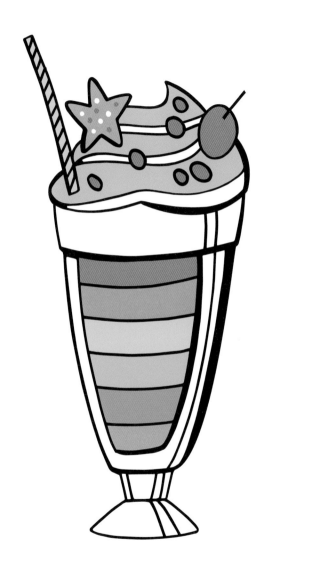

Extraordinario pastel arcoíris para fiestas

Tiempo de preparación (sin el horneado): 1,5-2 horas
(según la experiencia previa con el glaseado de pasteles)

Para 10-12 porciones

Pastel de 20 centímetros
de diámetro con seis capas

Este pastel es simplemente impresionante. ¡Es realmente una fiesta en un plato! Aunque el tiempo total de preparación pueda echarte para atrás, te aseguro que vale la pena. El pastel parecerá una gran obra maestra, pero todos los pasos de su elaboración son realmente sencillos y fáciles de seguir. Prepara este pastel para un cumpleaños especial y ya verás como triunfa. Tus amigos querrán repetir y te suplicarán que les des la receta. A mí me chifla ese sencillo glaseado blanco puro que esconde en su interior una auténtica maravilla. Pero si prefieres que se intuya a primera vista la fiesta multicolor que hay en su interior, también puedes añadir colorante alimentario al glaseado.

¡Un agradecimiento especial para mi encantadora tía Becs por compartir su fantástica receta de pastel arcoíris!

Pastel

Nota: Los ingredientes y el método descrito a continuación son para hacer dos capas del pastel a la vez. Multiplica los ingredientes por tres para calcular el total de lo que vas a necesitar para las seis capas del pastel.

Ingredientes para dos capas del pastel:

125 GRAMOS DE MARGARINA SUAVE (Y UN POQUITO MÁS PARA ENGRASAR LOS MOLDES DE PASTEL)

225 GRAMOS DE HARINA PARA TODO USO

150 GRAMOS DE AZÚCAR EXTRAFINO

3 HUEVOS MEDIANOS

1 CUCHARADITA DE LEVADURA EN POLVO

1 CUCHARADITA DE EXTRACTO DE VAINILLA

COLORANTE ALIMENTARIO O COLORANTE ALIMENTARIO EN GEL (CON EL GEL SE PUEDEN CONSEGUIR COLORES MÁS VIVOS) EN ROJO, NARANJA, AMARILLO, VERDE, AZUL Y PÚRPURA (ESTOS COLORES SON PARA LAS SEIS CAPAS)

Utensilios:

2 MOLDES DE PASTEL DE 20 CM

PAPEL DE HORNO

TAZÓN GRANDE PARA MEZCLAR Y BATIDORA ELÉCTRICA DE MANO CON VARILLAS, O BATIDORA ELÉCTRICA

OTRO TAZÓN GRANDE PARA MEZCLAR

BALANZAS DE COCINA

ESPÁTULA DE REPOSTERÍA DE PLÁSTICO O GOMA

PINCHOS DE MADERA O PALILLOS DE CÓCTEL/DIENTES

2 REJILLAS PARA ENFRIAR

Método:

1 Precalienta el horno a 180 °C/160 °C con asistencia de ventilador. Prepara las rejillas para enfriar con antelación.

2 Para ahorrar tiempo, prepara los dos pasteles (o capas) a la vez. Primero, cubre las bases de los dos moldes con papel de horno y engrasa los costados con margarina.

3 Añade los ingredientes del pastel (exceptuando el colorante alimentario) al tazón para mezclar o en la batidora y bátelos hasta que la mezcla quede lisa.

4 Pesa la masa y vierte la mitad en otro tazón. Ahora añade un color de colorante alimentario a cada tazón y mézclalo bien. Asegúrate de limpiar las varillas o el vaso de la batidora después de mezclar cada color antes de pasar al siguiente. Empieza añadiendo el colorante alimentario gota a gota y crea el color gradualmente, mezclando después de cada adición. Continúa hasta que consigas el color deseado. (Este color será bastante fiel al color definitivo de la capa una vez horneada.) Vierte la masa en sus respectivos moldes y alisa la superficie con una espátula de repostería.

5 Hornea las dos capas de pastel durante aproximadamente 12 minutos (puedes insertar un palillo de madera en el centro. Si sale limpio, el pastel estará listo). Con cuidado saca las capas y colócalas en las rejillas para enfriar.

6 Lava bien los moldes, los tazones y los utensilios de mezcla y asegúrate de que se hayan enfriado antes de seguir. A continuación, puedes repetir los pasos del 2 al 5 para el resto de las capas. En cuanto termines, deja que se enfríen bien las seis capas. Y ahora, el glaseado…

Glaseado

Ingredientes:

125 GRAMOS DE MANTEQUILLA BLANDA
350 GRAMOS DE AZÚCAR GLAS TAMIZADO/
AZÚCAR EN POLVO
UNAS GOTAS DE ESENCIA DE VAINILLA
O LIMÓN (LA QUE PREFIERAS)
3-4 CUCHARADAS DE AGUA TIBIA

Utensilios:

TAZÓN DE MEZCLA MEDIANO
VARILLAS O BATIDORA ELÉCTRICA
ESPÁTULA DE GOMA

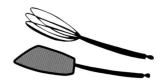

Método:

1 Coloca la mantequilla en el tazón o en la batidora y bátela hasta que quede una textura blanda y cremosa. Ve agregando azúcar gradualmente mezclándolo bien. A continuación, añade suficiente agua para conseguir la consistencia de glaseado deseada. Si queda demasiado seco, añade más agua; si queda demasiado acuoso, añade más azúcar glas.

2 Cuando las seis capas se hayan enfriado bien, puedes seguir con el glaseado. Empieza con la capa de pastel púrpura para la base y extiende una capa de glaseado uniformemente por toda la superficie. Después coloca la capa verde, seguida de la amarilla, la naranja y la roja y repite el mismo procedimiento con el glaseado para cada capa hasta que tengas las seis capas apiladas formando un pastel. ¡Ya casi lo tienes!

3 Finalmente, cubre todo el pastel con el glaseado restante de manera uniforme. Un consejo útil es empezar con una capa fina de glaseado para recoger las migas e igualar rincones y grietas en la superficie. Después añade una segunda capa y distribúyela hasta que quede bien lisa.

4 ¡Voilà! Tu precioso pastel arcoíris ya está listo para servir.

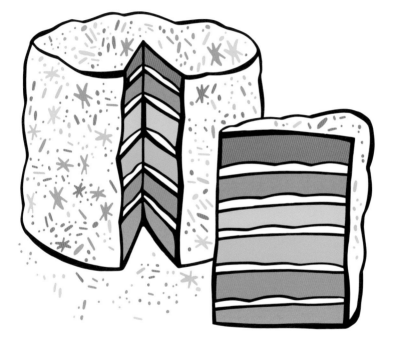

Hechizos
de unicornio

La magia de los unicornios y tú

La magia más poderosa del universo es el poder de nuestras mentes. Puede que parezca demasiado simple, ¡pero es cierto! Nuestras mentes son más poderosas de lo que podemos imaginar, pero, a veces, nos olvidamos de ello. Por ejemplo, imagínate que has planeado algo, digamos, una visita a un amigo. Pero resulta que algo va mal y no puedes visitar a ese amigo. Es probable que tu reacción inmediata sea enfadarte. Sin embargo, después de esta primera reacción, puedes elegir. Puedes continuar con el enfado (lo cual no ayuda mucho) o puedes ver las cosas de otra manera y tratar de encontrar una solución o una alternativa usando el poder de tu mente. De eso trata la verdadera magia.

Toda clase de hechizos mágicos dependen de una mente centrada. Dicho de otro modo, los humanos usamos símbolos en todo tipo de magia para ayudar a centrar la mente y las intenciones individuales. Si alguna vez has estado dentro de algún edificio religioso cualquiera, te habrás encontrado con ejemplos de cosas que los humanos hemos usado durante miles de años para este propósito. Piensa en estatuas, pinturas, velas, fragancias, mantras y canciones. (Sobre todo las canciones son a menudo tan conocidas que nos olvidamos del significado de las palabras.) Una oración o un mantra es un tipo de magia muy poderosa que se usa en diferentes religiones por todo el mundo. Los colores también afectan nuestro estado de ánimo y muchas veces ni siquiera nos damos cuenta.

Ahora debes estar preguntándote, ¿qué tiene que ver todo esto con los unicornios y la magia de los unicornios? La respuesta es ¡TODO! Los hechizos que se detallan a continuación emplean la magia de los unicornios como el centro de sus buenas intenciones. Saber con exactitud lo que representa el unicornio te ayudará a pensar con mayor claridad y a centrar tu energía.

Antes de seguir, hazte con una hoja de papel y escribe todo lo que un unicornio significa para ti. Incluye todas aquellas palabras que asocies con estas criaturas míticas. Piensa en imágenes de unicornios que hayas visto y escoge cualquier cosa que tenga un significado para ti. Tu lista puede incluir palabras como virtud, honradez, pureza, belleza, dulzura, inocencia, infancia, bondad, es decir, todo lo que se te ocurra. El unicornio aparece a menudo con un arcoíris o en un bosque. Incluye ideas e imágenes que sean significativas para ti, así como diferentes colores o incluso cualquier otra expresión de las emociones que te evocan las imágenes de unicornios. Muchas veces se asocia el color blanco con los unicornios, puesto que el blanco es también el color de la pureza.

Del mismo modo como las iglesias y otros lugares de culto religioso disponen de un altar, tú también puedes diseñarte un altar de unicornio para que se convierta en el centro de tus prácticas mágicas. Encuentra un espacio pequeño que puedas usar para instalar tu altar. Asegúrate de que esté perfectamente limpio y reluciente tanto antes de iniciar el ritual como después. Coloca objetos apropiados en el altar: puedes usar una imagen de un unicornio, que hayas dibujado o recortado, o una estatuilla del animal. Asimismo, puedes utilizar un recipiente pequeño con flores silvestres frescas o unas hojas del típico lugar donde a un unicornio le gustaría vivir. Puedes añadir una vela aromática o una velita de té. Si tienes otros amuletos que significan algo especial para ti, inclúyelos también. ¡Ahora ya puedes empezar a hacer magia!

FOTOS

BOLI + PAPEL

VELAS

FLORES

AGUA

AMULETOS

MONEDAS

SAL

188

Hechizo de unicornio para acabar con la infelicidad

Hechizo de unicornio para acabar con la infelicidad

Enciende una vela en tu altar (para este hechizo va bien una de color blanco) y ordénalo todo a tu gusto. Vas a necesitar también un pequeño plato con sal. Esto sirve para absorber las energías negativas.

Coge una hoja de papel y un bolígrafo. Ponte a meditar y pídele al unicornio que te ayude a pensar en todas las cosas que te hacen infeliz. Luego escríbelas en una lista usando una palabra por cada punto. No trates de analizar nada, solo escríbelas a medida que se te vayan ocurriendo. Escribe hasta que te quedes sin ideas. El unicornio te indicará cuándo es el momento de parar.

A continuación, siéntate unos minutos y contempla el relajante parpadeo de la vela. Cuándo hayas acabado, coge la lista y lee cada punto en voz alta. Ahora centra tu mente en cada punto. ¿Puedes hacer algo al respecto? ¿Puedes cambiar de opinión sobre cómo te hace sentir algo? ¿Es posible que lo que hayas escrito no parezca tan malo visto en papel? Cuando termines, imagínate que cada una de las palabras está dentro de un globo de color rosa brillante. Ahora, respira profundamente y sopla haciendo volar los globos hasta que los pierdas de vista.

Deshazte de la sal y después apaga la vela. Arranca el papel y llévalo afuera para quemarlo.

192

Hechizo de unicornio para la felicidad

Hechizo de unicornio para la felicidad

Regresa a tu altar. Enciende una vela (para este hechizo va bien una de color rosa) y organiza tus cosas como más te guste. Vas a necesitar también un vaso de agua. El agua se utiliza para absorber las energías positivas.

Coge una hoja de papel y varios bolígrafos de diferentes colores del arcoíris. Deja volar tu mente y pídele al unicornio que te ayude a pensar en todas las cosas que te hacen feliz. Anótalas en una lista con el color que consideres más apropiado para cada punto. Escribe todo lo que pase por tu mente. Puede que te encante hacer algunas cosas de la lista, pero que no hayas hecho en mucho tiempo; inclúyelas de todos modos. Puede que haya personas con las que te gustaría estar, pero que hace tiempo que no ves; añádelas también. Puede que haya hobbies o proyectos de manualidades que te gusten, pero no has encontrado el momento de hacerlos; anótalos también.

Dedica un tiempo repasando la lista. ¿Hay algún punto que te haya sorprendido? Tómate todo el tiempo necesario para reflexionar sobre tu lista. Luego cuélgala en algún lugar donde puedas verla todos los días. Planea invertir más tiempo en hacer las cosas que te proporcionan felicidad.

Bebe el agua y sopla la vela.

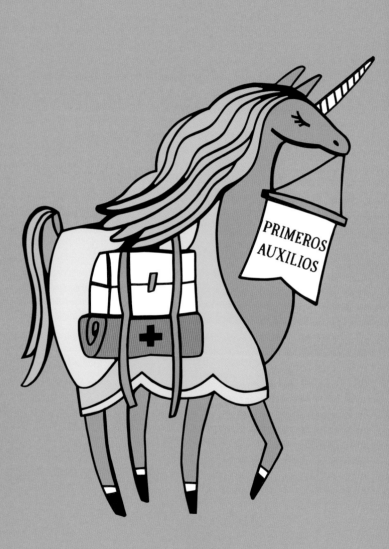

PRIMEROS
AUXILIOS

Hechizo de unicornio para la salud

Hechizo de unicornio para la salud

Regresa a tu altar. Enciende una vela (para este hechizo va bien una de color verde) y ordena tu entorno de manera que te sientas a gusto. Vas a necesitar una manzana, una hoja de papel y algunos bolígrafos.

Mira fijamente la luz parpadeante de la vela y pídele a tu cuerpo que te diga lo que es bueno para ti y lo que necesita. Concéntrate en la llama, relaja tu mente y, con la ayuda del unicornio, permite que tus instintos e intuición hagan el resto. Puede que al principio tengas la impresión de que no ocurre nada, pero no te desanimes, pronto las palabras comenzarán a fluir. Escríbelas por muy extrañas que sean. Puede que te vengan a la cabeza determinados alimentos o ejercicios específicos. Tal vez pienses en vitaminas o en alimentos de un color concreto. Quizás tu instinto te sugiere algo tan sencillo como pasar más tiempo al aire libre. Déjate guiar por tus instintos e intuición.

Escribe las cosas que te parezcan más importantes y proponte hacer algunas de ellas.

Cómete la manzana con las pepitas incluidas, y luego sopla la vela.

Hechizo de unicornio para la riqueza

Hechizo de unicornio para la riqueza

Regresa a tu altar. Enciende una vela (una de color plateado o dorado va bien para este hechizo) y acomódalo todo como prefieras. También necesitarás una moneda.

Concentra la mirada en la luz parpadeante de la vela y deja que tu mente se relaje. Una vez más, con la ayuda del unicornio, pide a tus instintos e intuición que te revelen lo que para ti significa riqueza. Tal vez sea independencia, amor, amistad, fuerza… Recuerda que la riqueza no es solo dinero (¡aunque también sea importante!). Puede que el unicornio haga que se te ocurran palabras que no esperabas. Toma nota de lo que te diga.

Haz una lista mental (o en papel) de todas las posesiones materiales de las que dispones o de las que puedes beneficiarte. Por ejemplo, ¿vives en una casa? ¿Tienes acceso a un coche? ¿Quizás tienes un instrumento? ¿O un animal? Dirígete al unicornio y di 'gracias', mentalmente o en voz alta, por toda la riqueza de la que ya estás gozando. Seguramente te darás cuenta de que ya tienes mucha. Haz una lista con todas estas cosas y después añade algunas de las cosas que todavía no posees y que algún día te gustaría tener.

Sopla la vela y guarda la moneda en el bolsillo.

Puedes hacer listas mentales si tienes buena memoria, pero si se te da mejor reflexionar a partir de una lista en papel, apúntalo todo. En unas semanas revisa la lista para comprobar si algo ha cambiado.

204

Hechizo de unicornio para un poquito de magia cada día

Hechizo de unicornio para un poquito de magia cada día

Regresa a tu altar. Enciende una vela (una con los colores del arcoíris es ideal para este hechizo, aunque no es fácil encontrarla. Una de color lila también funcionará). Ordénalo todo como prefieras. Necesitarás añadir una piedra preciosa o un cristal, algo que tenga un valor especial para ti.

Observa la luz parpadeante de la vela y relaja tu mente. Después de unos minutos, estírate en el suelo o en la cama, cierra los ojos, y pídele al unicornio que te lleve a su reino mágico. Ve allá donde te lleve; quizás verás un castillo con torreones de oro, o un bosque con una cascada, o tal vez verás tu propia casa desde el cielo mientras vas galopando con tu unicornio entre las nubes. Regresa gradualmente al mundo 'real'. Sopla la vela y coloca la piedra preciosa o el cristal en un lugar seguro.

Dibuja lo que has visto, o escribe sobre ello. Luego pídele al unicornio que te ayude a fijarte en algo mágico todos los días. Puede que sea algo pequeño, algo en lo que nadie más se ha fijado, como una pluma bonita, una roca especial o una nube inusual. Anota cada uno de los sucesos mágicos en un diario o en una libreta.

Inspiración unicorniana

Siempre sé tú mismo,
A MENOS QUE PUEDAS SER UN
unicornio.
En ese caso,
sé siempre un
¡unicornio!

AQUELLOS QUE NO

creen en la magia

NUNCA LA ENCONTRARÁN.

Brilla

allá donde vayas.

Sé un unicornio

EN UN MUNDO LLENO DE

caballos.

SER UN

bumano

ES DEMASIADO COMPLICADO.

Es hora de ser un

unicornio.